Mein Rätselspaß

Pferde und Ponys

Illustrationen:
The Boy Fitz Hammond, Maria Neradova, Ana Bermejo, Manola Caprini, Helen Graper, Jessica Secheret, Sandra Aguilar und Sarah Wade

Gestaltung:
Sharon Cooper und Jenny Addison

Text:
Simon Tudhope

AF641017

Welches Foto hat das Mädchen gemacht? Kreise es ein.

1

A

B

C

Trage die Wörter in das Gitter ein.

2

SATTEL FELL BLESSE

ARABER TRAB STRIEGEL

Bringe diese Bilder in die richtige Reihenfolge und nummeriere sie.

Ergänze die fehlenden Buchstaben in den Wörtern für die verschiedenen Pferdegangarten. Die erste Gangart steht schon da.

4

5

Der Rekord auf dieser Rennstrecke liegt bei 1 Minute und 6 Sekunden. Addiere die Sekundenangaben auf den Fahnen. Kann Pia den Rekord brechen?

6

Diese Mädchen haben ihren Ponys ein paar Leckereien mitgebracht. Kannst du die Wörter entziffern, um herauszufinden, welche Leckerei für welches Pony ist?

Welches Bild unterscheidet sich von den anderen? Kreise es ein. **7**

Finde die 6 Unterschiede zwischen den beiden Bildern und kreise sie ein.

8

9

Diese Säcke bilden ein Dreieck. Fülle die leeren Säcke so mit Karotten, dass sich auf jeder Seite des Dreiecks insgesamt 17 Karotten befinden. Aber aufgepasst: Du darfst alle Zahlen von 1 bis 9 nur einmal verwenden, also darf in keinem Sack die gleiche Anzahl an Karotten liegen.

Der Reitverein sucht den besten jungen Reiter und braucht deine Hilfe! Löse die Rechenaufgaben und addiere dann die Ergebnisse. Der Reiter mit der höchsten Punktzahl ist der Sieger. Kreise ihn ein.

Kontrolle: 4 · 2 = ...

Geschwindigkeit: 60 : 3 = ...

Pflege: 22 + 13 = ...

Punktzahl: ....

Kontrolle: 35 – 14 = ...

Geschwindigkeit: 6 · 4 = ...

Pflege: 40 : 4 = ...

Punktzahl: ....

Kontrolle: 15 + 25 = ...

Geschwindigkeit: 30 : 2 = ...

Pflege: 62 – 41 = ...

Punktzahl: ....

Kontrolle: 3 · 6 = ...

Geschwindigkeit: 12 + 16 = ...

Pflege: 27 – 14 = ...

Punktzahl: ....

Hilf Emma und ihrem Pferd Alba, den Weg ins Ziel zu finden. Die Anweisungen verraten dir, was sie am jeweiligen Hindernis tun müssen.

Anweisungen

- Reite an roten Hindernissen Richtung Norden
- Reite an blauen Hindernissen Richtung Süden
- Reite an grünen Hütchen Richtung Osten
- Reite an orangefarbenen Hütchen Richtung Westen

Olivia kann ihren zweiten Reitstiefel nicht finden. Hilf ihr!

12

Kreise 15 Fahnen, 7 Hütchen und 6 Mäuse ein.

Zeichne Streifen auf die Hälfte der Pferdedecken und dann Punkte auf zwei Drittel der übrig gebliebenen. Wie viele Pferde haben Decken ohne Muster?

Finde diese 5 Ausschnitte im großen Bild und kreise sie ein.

Kreise das Pony ein, das Alex heute reiten wird.

Finde die Wörter im Buchstabengitter und kreise sie ein.

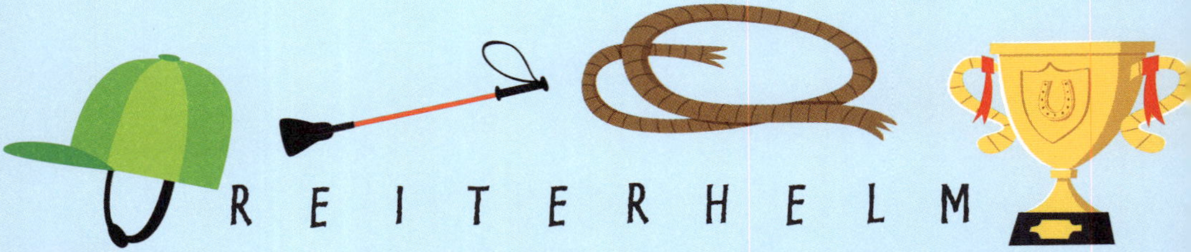

R	E	I	T	E	R	H	E	L	M
C	H	E	U	X	E	I	M	E	R
K	U	T	G	C	N	N	H	K	S
S	H	R	A	P	F	E	L	D	T
E	C	E	E	Y	S	S	M	B	I
I	S	G	A	R	A	I	B	Ü	E
L	D	D	W	E	T	E	Y	R	F
P	N	L	F	T	T	F	S	S	E
Z	A	U	M	Z	E	U	G	T	L
D	H	A	T	C	L	H	X	E	A

REITERHELM
GERTE
SEIL
APFEL
HEU
EIMER
HANDSCHUHE
HUFEISEN
ZAUMZEUG
STIEFEL
SATTEL
BÜRSTE

Gibt es genügend Karotten, damit jedes Pferd eine bekommt?

18

Wenn 12 Ponys 6 Säcke Hafer fressen
und 6 Pferde 4 Säcke ...

... wie viele Säcke fressen
dann 4 Ponys und 3 Pferde?

.... Säcke

Verbinde die Worthälften, um vollständige Wörter zu bilden.

20

In diesem Zahlengitter muss die Summe der drei Zahlen in jeder Zeile, Spalte und Diagonale zusammen 15 ergeben. Ergänze die fehlenden Zahlen.

22

Zeichne die andere Hälfte der Siegerschleife und verziere ihre Mitte.

23

Diese Äpfel müssen zwischen Ella und Prinz verteilt werden. Wenn Ella 1 Apfel bekommt, erhält Prinz 2. Schreibe unten auf, wie viele Äpfel jedes Pony insgesamt bekommt.

Die Buchstaben dieser Wörter sind durcheinandergeraten.
Ordne sie und schreibe die richtigen Bezeichnungen auf die Linien.

Male die Felder mit den orangefarbenen Punkten aus, um zu sehen, was sich in dem Bild versteckt.

Finde die 5 Unterschiede zwischen den beiden Bildern und kreise sie ein.

Finde die Wörter im Buchstabengitter und kreise sie ein.

X C H S I E R P W H
O R I C H T E R K Ü
B D N V D W A L B T
E X D R E S S U R C
D R E I T E R B T H
R M R J R F A H N E
E P N L M R S P I N
F I I A T R A S E N
P D S Y L E P P O K
G A N G A R T M E K

PFERDEBOX	RICHTER	FAHNE	KOPPEL
HINDERNIS	REITER	PREIS	TRAB
HÜTCHEN	RASEN	DRESSUR	GANGART

28

Welche Silhouette passt zu dem Bild oben?

A

B

C

Zeige Leon und Harry den Weg zurück zum Stall.

Heute ist Karneval im Reitverein und alle haben sich verkleidet. Verbinde die Reiter mit den passenden Ponys.

Luzie und Bess dürfen nur zwischen Fähnchen hindurchreiten, auf denen ungerade Zahlen stehen. Hilf ihnen, den Weg zu finden.

Finde die 8 Unterschiede zwischen den beiden Bildern und kreise sie ein.

33

Beim Dressurreiten bekam Henry eine bessere Note als Boris, aber eine schlechtere als Herzog. Diana bekam eine bessere Note als Boris, aber eine schlechtere als Henry. Welches Pferd belegte welchen Platz?

1. **Wer würde ein Wettrennen über 40 Meter gewinnen:** ein Rennpferd oder der Sprinter Usain Bolt?

2. **Wie heißt das Pferd aus dem Disney-Film *Rapunzel*?**
   a) Maximus
   b) Minimus
   c) Brutus

3. **Welche Aussage stimmt nicht?**
   a) Pferde nehmen rote Dinge grün wahr.
   b) Pferde können im Dunkeln sehen.
   c) Pferde können gleichzeitig nach vorne und nach hinten sehen.

4. **Welches Volk holte ein hölzernes Pferd in seine Stadt, in dessen Bauch sich gegnerische Soldaten versteckten?**
   a) Römer
   b) Trojaner
   c) Spartaner

Löse die Rechenaufgaben und finde heraus, welcher Heuballen für welches Pferd gedacht ist. Verbinde sie jeweils mit einer Linie.

36

Kreise alle Wörter ein, die man **nicht** aus den Buchstaben des Wortes PFERDE bilden kann.

Kreise die Pferdefigur ein, die keinen Zwilling hat.

Schreibe die sechs Buchstaben des Wortes HENGST in das Sudokugitter. Die Buchstaben dürfen in jeder Zeile, in jeder Spalte und in jedem Sechserblock nur einmal vorkommen.

		E		S	
G	H			T	
	E	T	G		N
H		G			
		S		E	H
	S		N		

Bringe diese Bilder in die richtige Reihenfolge, damit eine Geschichte entsteht.

40

Lina möchte einen Sattel, Zaumzeug und einen Reithelm kaufen. Sie hat 100 Euro. Wie viel Geld bekommt sie zurück?

REITERLADEN

Angebote des Tages:

Decke
Sattelgurt
Zaumzeug
Führstrick
Stiefel
Gamaschen
Bürste
Hufkratzer
Hufeisen
Sattel

Kreise den Ausschnitt ein, der nicht aus diesem Bild stammt.

Wie oft kannst du das Wort **PONY** in der Siegerschleife finden?
Es kann senkrecht oder waagerecht stehen.

Fülle das Gitter so aus, dass alle 4 Symbole in jeder Zeile und Spalte jeweils einmal vorkommen.

Zähle alle Hufeisen im Bild und vergiss das Hufeisen nicht, das der Hufschmied gerade bearbeitet. Wie viele Pferde kann der Schmied an allen vier Hufen beschlagen?

Kreise 14 Glühwürmchen, 9 Decken
und 7 Kaninchen ein.

Hilf Lea und Alibaba, den Weg durch den Parcours zu finden.
Streiche dazu die folgenden Felder durch:
B3, C1, H5, C2, D4, A5, E1, B5, F1, E2, H3, B1, D5, D2, B2, F4, G1, F3, C5, D1, H4, F2.

Zeichne nun den Weg durch die Felder ein, die du nicht durchgestrichen hast.

Sternchen und Rico nähern sich der Ziellinie. Sternchen überholt Rico, der auf dem zweiten Platz liegt. Auf welchem Platz liegt Sternchen nun?

Trage die Wörter in das Gitter ein.

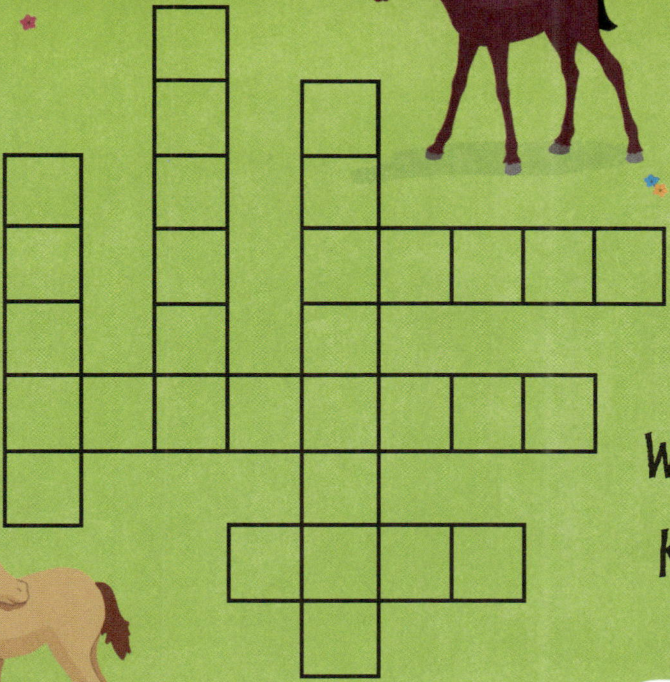

HUFE

FESSEL

DECKE

RAPPE

WARMBLUT

KALTBLUT

Zu welchem Stall führt Ilka Willi?
1
2
3
4
5
Bei der Stalltür hängt ein Hufeisen und ...
6
7
8
9
... daneben steht ein Heuballen.
10
11
12
13
Die Zahl ist gerade.
Ilka
Willi

In welcher Farbe fehlt eine Schleife, wenn es jeweils eine für den 1., 2. und 3. Platz geben soll?

Jeder Jockey braucht einen Helm, einen Pullover, eine Reithose, ein Paar Stiefel und eine Gerte. Wie viele Jockeys können am heutigen Rennen teilnehmen?

Welches Bild unterscheidet sich von den anderen? Kreise es ein. 52

Jedes dieser Ponys braucht eine eigene Koppel. Zeichne diese Koppeln ein, verwende dazu aber nur drei Quadrate.

Kannst du diese Wörter entziffern? Es sind Gegenstände, die du in der Sattelkammer findest.

Hilf Buffalo Jill und Poker, ihren Weg zur Scheune zu finden. Gehe dabei den Kakteen auf der Straße aus dem Weg.

Kannst du die Reihenfolge dieser Symbole erkennen?
Zeichne das nächste auf Bens Pferdedecke.

Welche Beschreibung gehört zu welchem Pferd?
Verbinde den Text mit dem dazu passenden Bild.

Shetlandpony
Kleines, kinderliebes Pony

Vollblut
Schnelles Rennpferd

Andalusier
Ein nobles Pferd mit langer Mähne und buschigem Schweif

Kaltblut
Großes, kräftiges Pferd, das Kutschen ziehen kann

Finde die 8 Unterschiede zwischen den beiden Bildern.

Finde diese 5 Ausschnitte im großen Bild und kreise sie ein.

Finde die Pferdenamen im Buchstabengitter und kreise sie ein.

N	R	E	T	S	D	N	E	B	A
W	U	H	D	B	M	Z	R	N	D
T	O	R	N	A	D	O	W	C	O
P	M	S	F	N	C	T	L	G	N
A	A	Q	Y	I	D	U	O	A	I
M	L	P	P	R	I	N	Z	B	S
A	G	L	S	E	T	J	K	I	L
C	V	K	E	Z	U	I	O	E	N
G	H	R	U	B	I	N	F	R	C
F	L	Ö	C	K	C	H	E	N	P

Welcher Weg führt über den Hindernis-Parcours? Halte dich an die Reihenfolge unten und zeichne ihn ein. Du kannst nicht diagonal oder zweimal über ein Feld gehen.

Welche Plätze belegen die Pferde in den einzelnen Kategorien? Schreibe die Platzierungen 1, 2 oder 3 auf die Schleifen neben den Pferden.

Welches Wort mit 9 Buchstaben versteckt sich auf den Hütchen? Fahre an den gestrichelten Linien entlang von einem Hütchen zum nächsten. Du kannst jeden Buchstaben nur einmal benutzen.

Befestige 6 Hufeisen so im Gitter, dass nie 3 in der gleichen Zeile oder Spalte hängen. (Es gibt mehr als eine Lösung.)

64

Auf diesem Reitturnier notiert sich ein Richter, wie viele Veranstaltungen jedes Team in jeder Altersklasse gewonnen hat. Vervollständige seine Tabelle.

ERGEBNISSE

	Unter 12	Unter 16	Insgesamt
Die Traber	2		12
Haferkorn	7	6	
Die Büffel			17
Wilde Meute	3		8
Insgesamt	20		

Kreise 11 Reithelme, 8 Fahnen und 5 Ballons ein.

Jedes Pferd braucht 4 Hufeisen. Wie viele Pferde können mit diesen Hufeisen beschlagen werden? Alle Hufeisen für ein Pferd müssen gleich aussehen.

68

Kannst du alle 11 Fehler in diesem Brief an den Präsidenten des Reitvereins finden?

Seer geehrter Herr Wieher,

es tut meinem Poni und mir sehr leid, dass wir auf dem Somerfest den Kuchenstand umgeschmißen haben. Manni liebt Karottten-kuchen wirklich sehr, aber es wahr sehr ungezogen von ihm, vom Turnierplatz zu renen und alle Leute aus dem Weg zu stohßen. Er wollte Sie wirklich nicht auf den Kuchenstand schupsen. Es tut ihm sehr leid. Hoffenlich haben Sie die Schockolade aus Ihrem Haar bekommen.

Mit freundlichen
Grüßen

Katja Hüham

Schaue dir die Uhrzeiten an und kreise das Pferd ein, das am schnellsten gerannt ist.

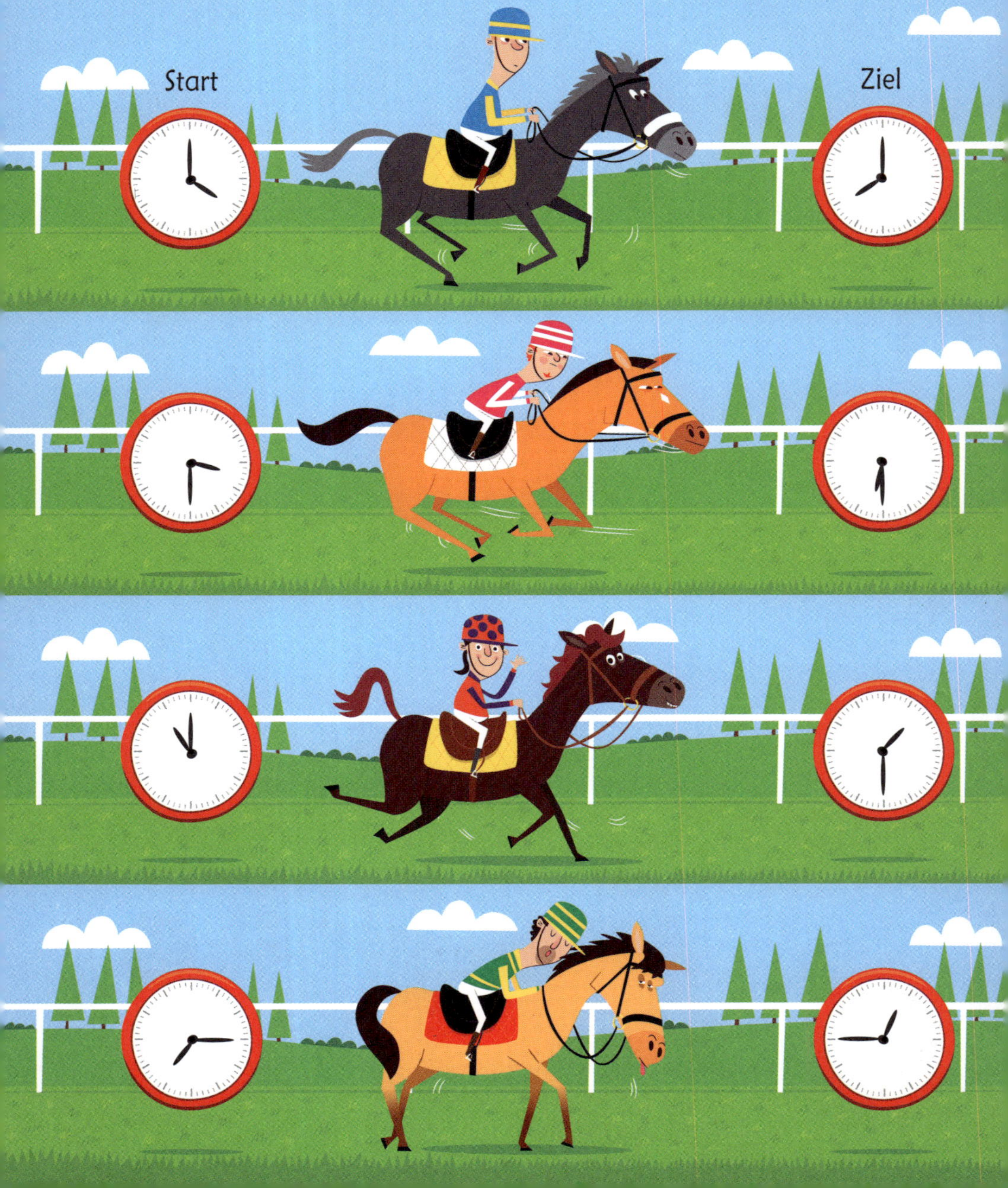

Fülle das Gitter so aus, dass alle 4 Symbole in jeder Zeile und Spalte jeweils einmal vorkommen.

Finde die 8 Unterschiede zwischen den beiden Bildern und kreise sie ein.

Der kürzeste Weg zum Ziel führt über Hindernisse, auf denen Hauptwörter stehen. Hilf Karla und Felix, diesen Weg zu finden.

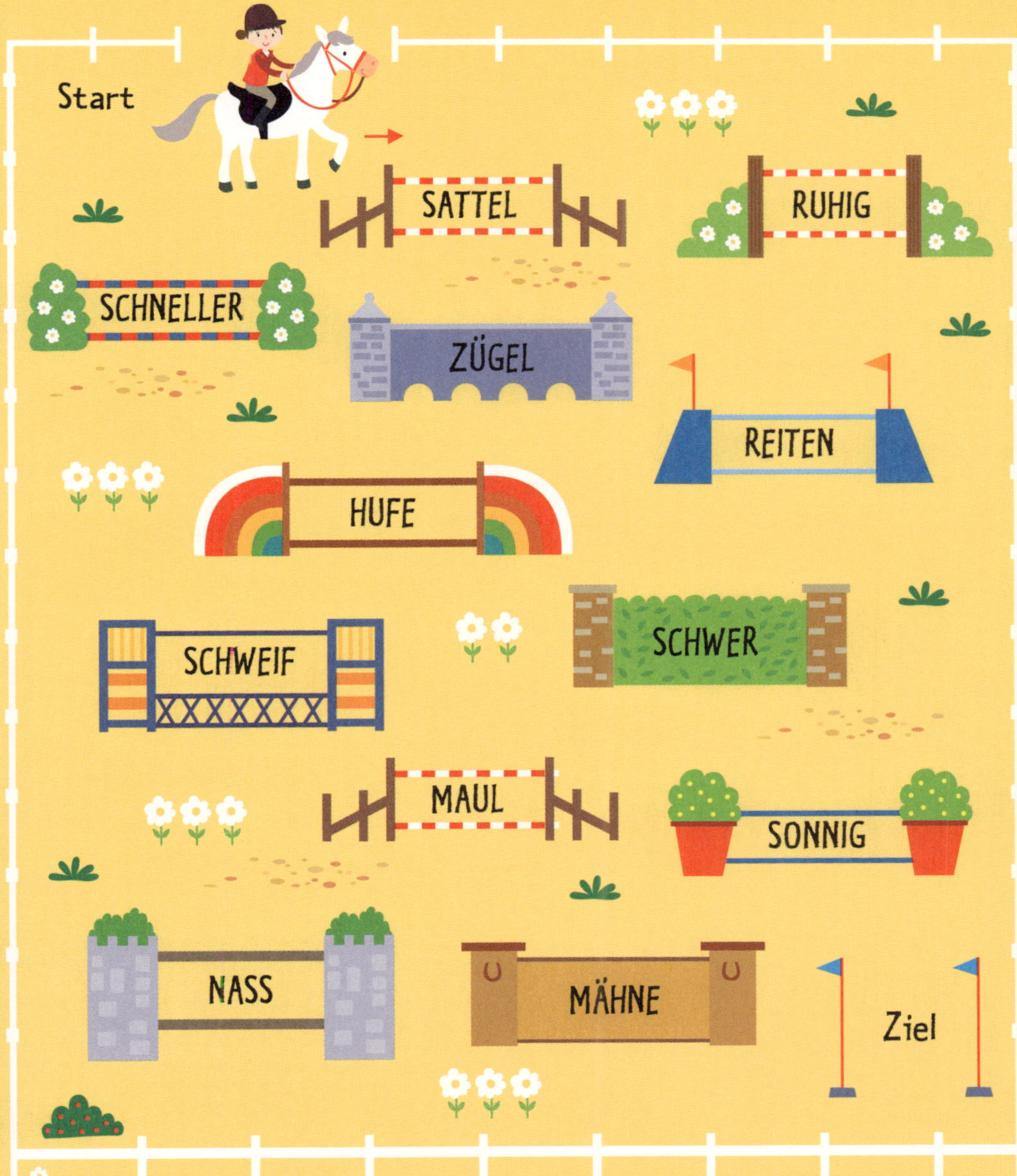

Gibt es hier mehr Pferde mit roten Schleifen oder mit blauen Schleifen?

Welche Silhouette passt zu dem Bild oben?

74

A

B

C

Finde diese 5 Ausschnitte im großen Bild und kreise sie ein.

Welches Pferd kam aus welchem Stall?
Schreibe die Namen unter die Pferde.

Teile die Koppel in 6 Felder ein. Jedes Feld muss genauso viele Quadrate wie Ponys enthalten. Das erste Feld mit zwei Quadraten und zwei Ponys wurde schon eingezeichnet.

78

In dieser Kutsche dürfen pro Fahrt 5 Personen mitfahren. Wie viele Fahrten muss die Kutsche machen, damit alle Personen im Bild mitfahren können? Schreibe deine Antwort auf das Schild.

Jede Reiterin kann nur Fahnen sammeln, auf denen Zahlen stehen, die man durch die Zahl auf ihrem Helm teilen kann. Kreise die Reiterin ein, die die meisten Fahnen sammelt.

Dina steht neben Flicka, die eine geflochtene Mähne hat. Kiki steht gegenüber von Bella, die Blumen in ihrer Mähne hat. Marie steht zwischen Bella und Rubin. Schreibe die richtigen Namen auf.

Wenn ein Pony im Training etwas gut gemacht hat, bekommt es eine Karotte.

- Petra hat vier Karotten mehr als Rosi bekommen.
- Dana hat sechs Karotten bekommen.
- Rosi hat sieben Karotten weniger als Blume bekommen.
- Blume hat fünf Karotten mehr als Dana bekommen.

Schreibe auf die Schleifen, wie viele Karotten jedes Pony bekommen hat.

Kannst du Ellas Reithelm finden? Er hat einen braunen Kinnriemen, gelbe Streifen und einen kurzen Schutzschild.

Falco ist 120 cm groß. Zora ist 25 % kleiner und Jo ist 25 % größer. Schreibe auf die Pferdedecken, wie groß sie sind.

Es ist Zeit, die Pferde zu füttern. Hilf Lukas, das Heu zur Koppel zu bringen. Er kann nicht durch verschlossene Gatter fahren.

Beschrifte die Heuballen so, dass auf jedem die Summe der beiden Heuballen darunter steht.

Finde heraus, mit welcher Startnummer die Pferde am Rennen teilnehmen. Folge den Pfeilen und ergänze die beiden letzten Zahlen.

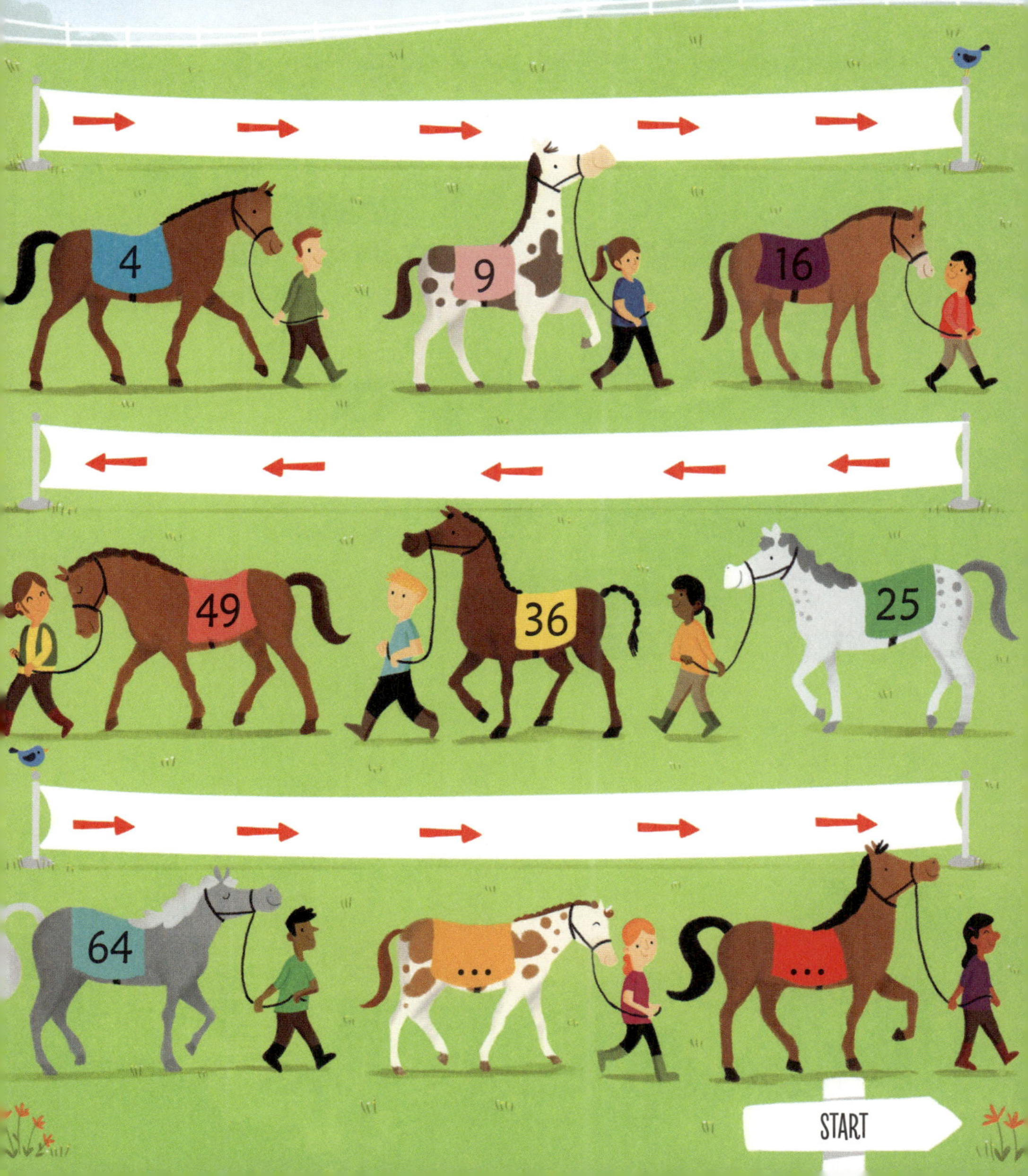

Pferde und Kaninchen haben vier Beine, Vögel haben zwei. Wie viele Beine zählst du insgesamt in diesem Bild?

Welchen Weg muss Ida wählen, um den Palast zu erreichen?

Addiere die Zahlen auf allen Fahnen, um Paulas Gesamtergebnis für diesen Parcours zu berechnen. Schreibe das Ergebnis unten auf die leere Fahne.

Kreise die drei Ausschnitte unten ein, die ins Bild passen.

Olli hat ein Stück seiner Decke verloren.
Welche Form passt in das Loch? Kreise sie ein.

92

Lisa muss heute ausmisten. Zeichne ihren Weg so ein, dass sie an keinem Stall zweimal vorbeigehen muss.

Tim muss die Ponys für eine Parade in einer Reihe aufstellen. Das Pony mit der niedrigsten Zahl steht ganz vorne und das Pony mit der höchsten Zahl ganz hinten.

Schreibe ein V neben das Pony, das ganz vorne steht.
Schreibe ein H neben das Pony, das ganz hinten steht.
Schreibe ein M neben das Pony, das genau in der Mitte steht.

Finde die 8 Unterschiede zwischen den beiden Bildern und kreise sie ein.

Welches Futter würden alle Pferde fressen?

Welches der Kinder reitet Sturm? Es trägt einen blauen Reithelm, weiße Handschuhe, braune Stiefel und hält eine Gerte in der Hand.

Finde die 5 Ausschnitte im großen Bild und kreise sie ein.

Bringe diese Bilder in die richtige zeitliche Reihenfolge. Beginne mit dem ältesten.

In diesem Rennen kommt Sparta vor Diamant, aber hinter Daniel ins Ziel. Blitz wurde nicht Erster, war aber zwei Plätze vor Bianca. Kein Pferd mit dem Anfangsbuchstaben D wurde Letzter. Schreibe neben jedes Pferd, welchen Platz es belegt hat.

Finde diese Pferderassen im Buchstabengitter.

E	C	S	O	T	N	I	P	G	C
F	R	I	E	S	E	V	N	R	L
T	Z	I	E	R	F	A	J	L	Y
I	B	S	H	E	T	L	A	N	D
N	R	S	T	S	N	U	E	T	E
K	E	Q	U	B	R	Z	K	W	S
E	B	M	O	R	G	A	N	Y	D
R	A	S	O	O	L	A	P	P	A
B	R	U	M	B	Y	J	F	E	L
A	A	Y	E	N	K	C	A	H	E

SHETLAND APPALOOSA CLYDESDALE MUSTANG
ARABER BRUMBY HACKNEY FRIESE
SHIRE PINTO MORGAN TINKER

Heute findet das jährliche Reitturnier für Zwillinge statt. Kannst du eine Person erspähen, die ohne Zwilling gekommen ist?

Cosima nimmt morgen am Reitturnier teil und muss früh aufstehen. Sie weiß aber nicht genau, auf welche Zeit sie ihren Wecker stellen soll. Kannst du ihr helfen?

Cosima muss ihren Wecker auf .... stellen.

Löse das Kreuzworträtsel mithilfe der Hinweise unten.

WAAGERECHT

1. Kein Pferd, sondern ein ... (4)
2. Jungtier eines Pferdes (6)
4. Ein weißes Pferd (8)
7. Männliches Pferd (6)
8. Ein Pferd mit geflecktem Fell (7)
9. Gegenstand, den man zum Anbinden und Führen eines Pferdes nutzt
10. Ein schwarzes Pferd aus einem berühmten Roman (5,6)

SENKRECHT

1. Pferdegangart (4)
3. Name einer Sportpferderasse: _ _ _steiner (3)
5. Lange Haare am Kopf eines Pferdes (5)
6. Weißer Fleck auf der Pferdestirn, auch ein Himmelskörper (5)
8. Wo schlafen Pferde? (5)

Welchen Weg muss Marie nehmen,
um den Stallschlüssel zu finden?

Die Kinder möchten alle auf dem Pony reiten. Welches der drei Kinder unten auf der Seite darf sich als Nächstes in die Schlange einreihen? Achte auf ihre Kleidung.

Inga und Jana reiten mit ihren Pferden um die Wette. Addiere die Sekunden auf den Schildern. Wer gewinnt das Rennen?

Hannes bringt seine Ponys in den Stall. Er braucht 10 Sekunden, um ein sitzendes Pony zu fangen und 30 Sekunden für eines, das steht. Wie lange dauert es, bis alle Ponys im Stall sind?

108

Verwandle HUFE in MUND, indem du auf jeder Leitersprosse nur einen Buchstaben änderst. Die Hinweise am Rand helfen dir dabei.

	Hinweise:
HUFE	
_ _ _ _	Laute
_ _ _ _	Germanisches Schriftzeichen
_ _ _ _	Nicht eckig
MUND	Lösungswort

Verbinde die Jockeys mit ihren Pferden.
Welcher Jockey nimmt nicht am Rennen teil?

Kreise das Pony ein, das keinen Reiter hat.

Welches Karussellpferd unterscheidet sich von den anderen?
Kreise es ein.

Welcher Reiter erreicht den Stall?

Alle Reiter müssen diesen Anweisungen folgen:

2 Felder vorwärts, 1 Richtung Norden

1 Feld Richtung Westen, 3 Richtung Süden

2 Felder Richtung Osten, 1 Richtung Norden

Wie viele Hufeisen braucht Hufschmiedin Hella, um alle Pferde auf der Weide zu beschlagen?

Finde 8 Wörter in dieser Buchstabenschnecke, die etwas mit Reiten zu tun haben.

Finde mithilfe der Hinweise heraus, wie die Ponys heißen.
Schreibe ihre Namen auf die Schilder.

1. Jasmin hat eine lockige Mähne.
2. Jogi hat einen glatten Schweif.
3. Dora hat Schleifen in der Mähne.
4. Minni hat Schleifen am Schweif.

Welches Pferd gehört Lorenz? Es hat braune Flecken und einen schwarzen Sattel, aber kein Zaumzeug.

Trage die Wörter in das Gitter ein.

PARCOURS

DRESSUR

REITER

STUTE

ROSS

TÖLT

Kreise das Pferd ein, welches keinen Zwilling hat.

Male die Felder mit den dunkelblauen Punkten aus, um zu sehen, was sich in dem Bild versteckt.

Um am Training teilzunehmen, braucht jedes Pferd einen Sattel, Zaumzeug und einen Führstrick. Wie viele Pferde dürfen mitmachen?

Jedes Hindernis steht für eine Zahl von 1 bis 4. Am Ende jeder Zeile und Spalte steht die Summe, die sich ergibt, wenn man diese Zahlen addiert. Welches Hindernis steht für welche Zahl?

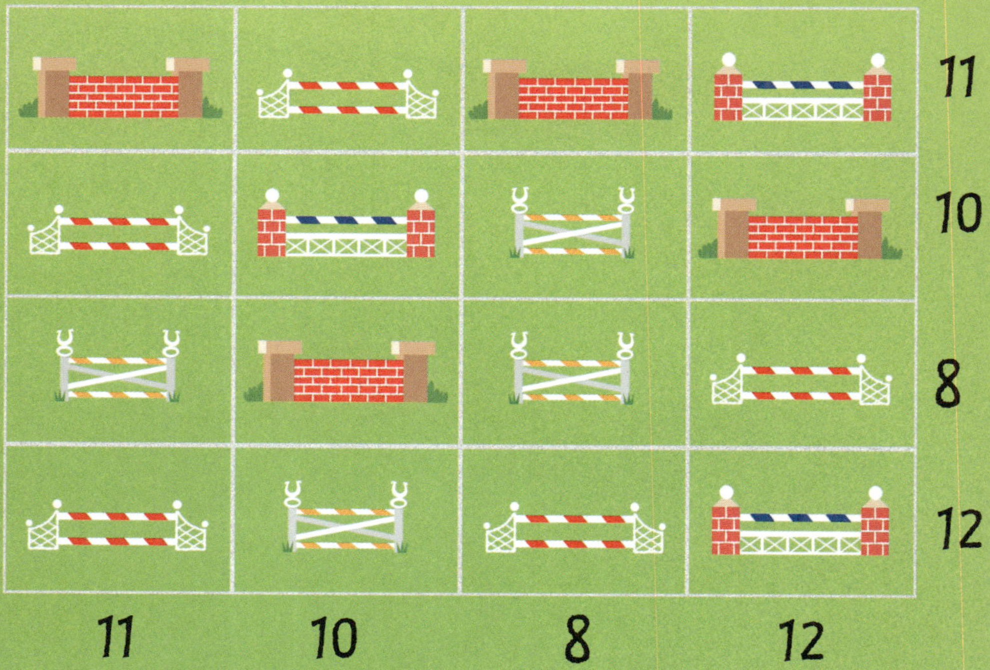

Für einen Geschenkkorb benötigt man 1 Schneekugel, 1 Hufeisen, 2 Tassen, 3 Törtchen und 4 Spielzeugpferde. Wie viele Körbe kannst du zusammenstellen?

Welcher Reiter gewinnt den Pokal? Kreise ihn ein.

Zeichne die andere Hälfte des Pokals.

Kreise den Ausschnitt ein, der nicht aus diesem Bild stammt.

Linda schmückt den Reitplatz für ein Fest. Erkennst du die Abfolge der Muster auf den Fahnen? Male die leeren Fahnen passend aus.

Suche diese beiden Ausschnitte im Bild unten und kreise sie ein.

Hilf Babette, den Weg zum Turnierplatz zu finden, damit sie rechtzeitig ankommt.

129

Cora möchte den Wettbewerb gewinnen und muss alle Bälle einsammeln, die Gegensätze darstellen. Welcher Ball bleibt übrig?

Kreise die drei Ausschnitte unten ein, die ins Bild passen.

Welcher Pokal passt zu der Silhouette?

Das Gitter besteht aus neun Blöcken mit jeweils neun Kästchen. Trage die Zahlen von 1 bis 9 so in die Kästchen ein, dass jede Zahl genau einmal in jedem Block, jeder Zeile und jeder Spalte vorkommt.

	1		5				2	9
9			1			3		
2	5		9		8			
	3			1		4	7	
7			4	8	6			3
	9	1		5			8	
			6		1		3	2
		2			7			4
6	4				5		9	

Hilf Hugo, den Weg zurück zu seiner Herde zu finden.

Löse die Rechenaufgaben unter den Bildern und schreibe ein G neben das schwerste Pferd, ein T neben das teuerste und ein S neben das Pferd, das in den meisten Rennen gesiegt hat.

Gewicht: $18 + 12 =$ ....

Preis: $5 \cdot 5 =$ ....

Siege: $30 : 10 =$ ....

Gewicht: $40 - 25 =$ ....

Preis: $60 : 2 =$ ....

Siege: $11 + 16 =$ ....

Gewicht: $5 \cdot 10 =$ ....

Preis: $33 - 12 =$ ....

Siege: $8 : 8 =$ ....

Gewicht: $14 + 9 =$ ....

Preis: $12 : 3 =$ ....

Siege: $30 - 11 =$ ....

Diese Karussellpferde haben eine bestimmte Abfolge.
Zeichne das fehlende Symbol auf den Sattel des letzten Pferdes.

Kreise den Reiter ein, der zu der Silhouette passt.

Welche 6 Gegenstände findet man normalerweise nicht in einem Stall?

Verbinde die Gummistiefel mit den passenden Abdrücken.

Finde die 7 Unterschiede zwischen den beiden Bildern und kreise sie ein.

Lösungen

1 Antwort: A

2

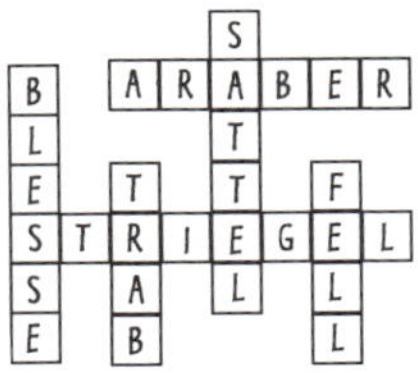

3

4 Trab, Schritt, Kanter, Galopp

5 Nein, Pia braucht 1 Minute 11 Sekunden.

6

7

8

9

10

11

Lösungen

(12)

(15)

(18) Nein. Es sind 17 Pferde, aber nur 15 Karotten.

(19) Sie fressen 4 Säcke (4 Ponys fressen 2 Säcke und 3 Pferde fressen auch 2 Säcke

(13)

(16)

(20)

DRES-SUR
KAS-TANIE
HUF-EISEN
KUT-SCHE
STEIG-BÜGEL
KAN-TER
KOP-PEL
GA-LOPP

(14) Es bleiben 2 Pferde übrig (Es gibt 6 mit Streifen und 4 mit Punkten).

(17)

R	E	I	T	E	R	H	E	L	M
C	H	E	U	X	E	I	M	E	R
K	U	T	G	C	N	N	H	K	S
S	H	R	A	P	F	E	L	D	T
E	C	E	E	Y	S	S	M	B	I
I	S	G	A	R	A	I	B	Ü	E
L	D	D	W	E	T	E	Y	R	F
P	N	L	F	T	T	F	S	S	E
Z	A	U	M	Z	E	U	G	T	L
D	H	A	T	C	L	H	X	E	A

(21)

Lösungen

22

23 Ella erhält 10 Äpfel, Prinz erhält 20.

24

25

26

27

X	C	H	S	I	E	R	P	W	H
O	R	I	C	H	T	E	R	K	Ü
B	D	N	V	D	W	A	L	B	T
E	X	D	R	E	S	S	U	R	C
D	R	E	I	T	E	R	B	T	H
R	M	R	J	R	F	A	H	N	E
E	P	N	L	M	R	S	P	I	N
F	I	I	A	T	R	A	S	E	N
P	D	S	Y	L	E	P	P	O	K
G	A	N	G	A	R	T	M	E	K

28 Antwort: B

29

30

Lösungen

31

35

38

T	N	E	H	S	G
G	H	N	S	T	E
S	E	T	G	H	N
H	T	G	E	N	S
N	G	S	T	E	H
E	S	H	N	G	T

32

36

39

33 Herzog – 1. Platz
Henry – 2. Platz
Diana – 3. Platz
Boris – 4. Platz

34 1. Usain Bolt (Pferde erreichen zwar eine höhere Spitzengeschwindigkeit, brauchen aber länger, um diese zu erreichen)
2. a) 3. b) 4. b)

37

40 Sie bekommt 15 Euro zurück.

41

Lösungen

42 Antwort: 35-mal

43

44 Es können 3 Pferde beschlagen werden (14 Hufeisen).

45

46

47 Sternchen liegt nun auf dem 2. Platz und Rico auf dem 3. Platz.

48

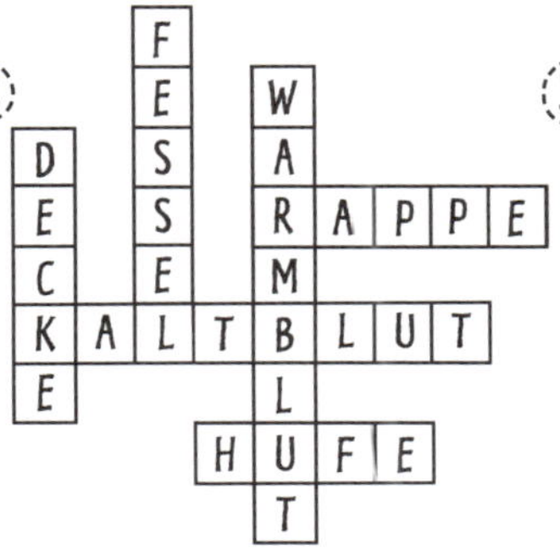

49 Sie führt Willi zu Stall 10.

50 Im hellblauen Set fehlt der 1. Platz.

51 3 Jockeys können am Rennen teilnehmen.

52

53

54

55

Lösungen

56

57

58

59

60

N	R	E	T	S	D	N	E	B	A
W	U	H	D	B	M	Z	R	N	D
T	O	R	N	A	D	O	W	C	O
P	M	S	F	N	C	T	L	G	N
A	A	Q	Y	I	D	U	O	A	I
M	L	P	P	R	I	N	Z	B	S
A	G	L	S	E	T	J	K	I	L
C	V	K	E	Z	U	I	O	E	N
G	H	R	U	B	I	N	F	R	C
F	L	Ö	C	K	C	H	E	N	P

61

62

63

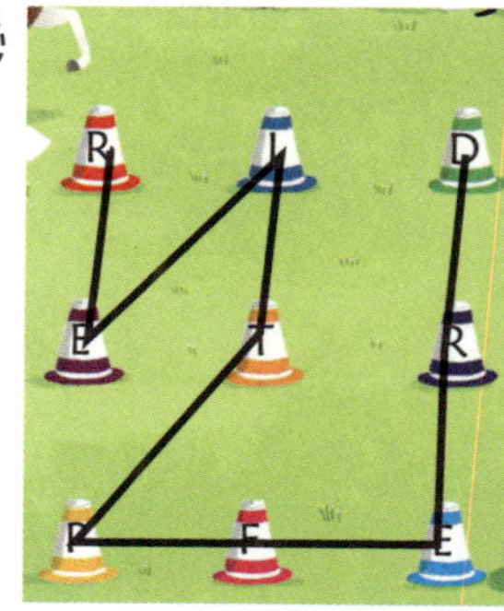

Antwort: Reitpferd

64

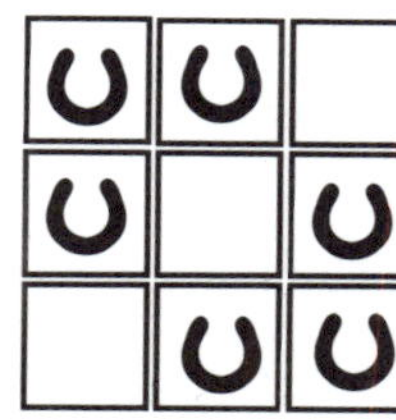

oder

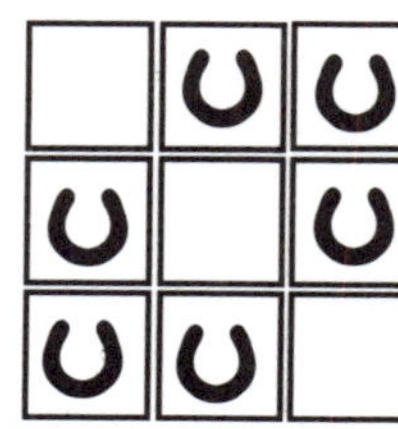

65

	Unter 12	Unter 16	Insgesamt
Die Traber	2	10	12
Haferkorn	7	6	13
Die Büffel	8	9	17
Wilde Meute	3	5	8
Insgesamt	20	30	50

Lösungen

(66) 

(67) Es können 4 Pferde beschlagen werden.

(68) 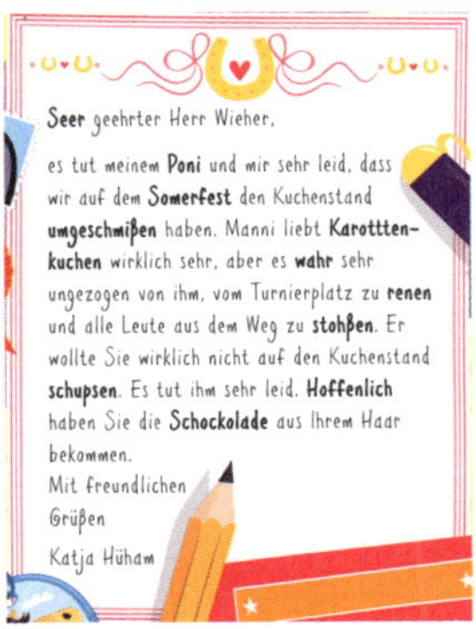

Seer geehrter Herr Wieher,

es tut meinem **Poni** und mir sehr leid, dass wir auf dem **Somerfest** den Kuchenstand **umgeschmißen** haben. Manni liebt **Karotttenkuchen** wirklich sehr, aber es **wahr** sehr ungezogen von ihm, vom Turnierplatz zu **renen** und alle Leute aus dem Weg zu **stohßen**. Er wollte Sie wirklich nicht auf den Kuchenstand **schupsen**. Es tut ihm sehr leid. **Hoffenlich** haben Sie die **Schockolade** aus Ihrem Haar bekommen.

Mit freundlichen Grüßen

Katja Hüham

(69) 

(70) 

(71) 

(72) 

(73) Es gibt mehr Pferde mit blauen Schleifen (8 blaue und 7 rote).

(74) Antwort: C

(75) 

(76) 

(77) 

Lösungen

78 Die Kutsche muss 4 Fahrten machen.

79 

Sie sammelt 5 Fahnen.

80 

81 Rosi hat 4 Karotten bekommen, Dana 6, Petra 8 und Blume 11.

82 

83 Zora ist 90 cm groß, Jo 150 cm.

84 

85

77

37 40

16 21 19

6 10 11 8

86 Antwort:
4, 9, 16, 25, 36, 49, 64, **81**, **100**
(Du rechnest immer plus 2 mehr.)

87 Es gibt 48 Beine:
4 Vögel mit 2 Beinen,
6 Pferde mit 4 Beinen
und 4 Kaninchen mit
4 Beinen.

88 

89 Paulas Gesamtergebnis ist 15.

90 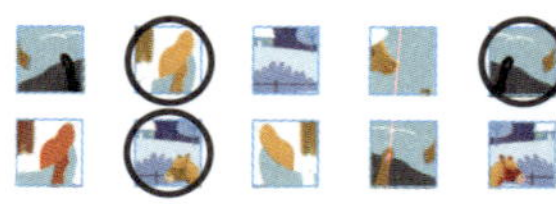

91 Antwort: A

Lösungen

92

93

V

H

M

94

95 Alle Pferde würden Karotten fressen.

96

97

98

99 Daniel – 1. Platz

Sparta – 2. Platz

Blitz – 3. Platz

Diamant – 4. Platz

Bianca – 5. Platz

100

E	C	S	O	T	N	I	P	G	C
F	R	I	E	S	E	V	N	R	L
T	Z	I	E	R	F	A	J	L	Y
I	B	S	H	E	T	L	A	N	D
N	R	S	T	S	N	U	E	T	E
K	E	Q	U	B	R	Z	K	W	S
E	B	M	O	R	G	A	N	Y	D
R	A	S	O	O	L	A	P	P	A
B	R	U	M	B	Y	J	F	E	L
A	A	Y	E	N	K	C	A	H	E

101

102 Sie muss ihren Wecker auf 8:10 Uhr stellen.

Lösungen

103

104

105

Das Mädchen mit dem Reithelm

106 Jana gewinnt. Inga braucht 21 Sekunden, Jana nur 20.

107 Er braucht 1 Minute und 50 Sekunden.

108

109

110

111

112
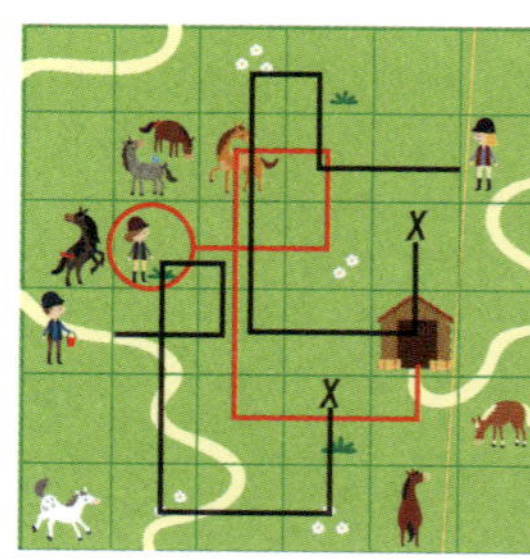

113 Sie braucht 32 Hufeisen, um alle Pferde zu beschlagen.

Lösungen

114 HENGST, ZAUMZEUG, STUTE, JOCKEY, HUFEISEN, BÜRSTE, SATTEL, HEU

115

116

117
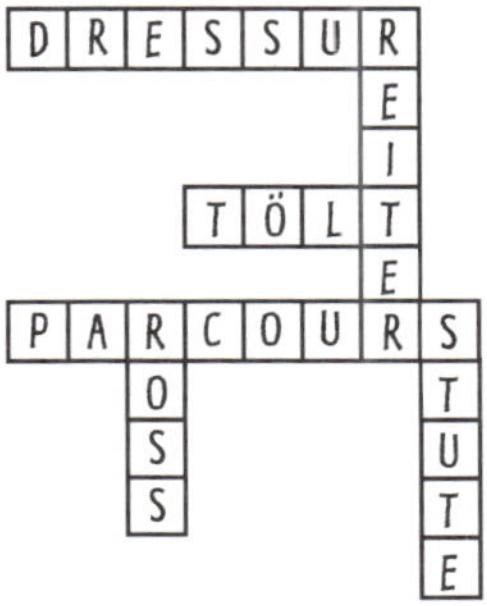

118

119

120 6 Pferde dürfen am Training teilnehmen.

121
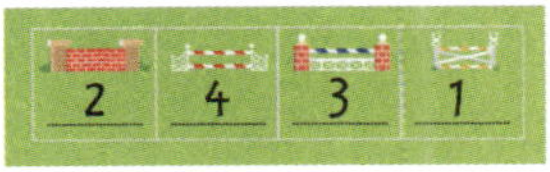

122

123

124

125

Lösungen

126

127

128

129 RUND bleibt übrig.

TROCKEN – NASS
SCHWARZ – WEISS
LANGSAM – SCHNELL
HEISS – KALT
GROSS – KLEIN

130
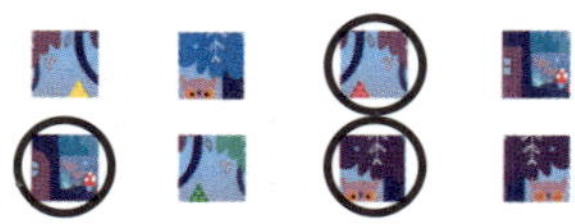

131

132

3	1	8	5	6	4	7	2	9
9	6	4	1	7	2	3	5	8
2	5	7	9	3	8	6	4	1
8	3	6	2	1	9	4	7	5
7	2	5	4	8	6	9	1	3
4	9	1	7	5	3	2	8	6
5	7	9	6	4	1	8	3	2
1	8	2	3	9	7	5	6	4
6	4	3	8	2	5	1	9	7

133